BILINGO BOOKS

Copyright © 2025 by Natalia Simons

All rights reserved. No part of this publication may be reproduced, distributed, or transmitted in any form or by any means, including photocopying, recording, or other electronic or mechanical methods, without the prior written permission of the publisher, except in the case of brief quotations embodied in critical reviews and certain other noncommercial uses permitted by copyright law.

Paperback ISBN: 978-1-7394881-3-0
Hardcover ISBN: 978-1-7394881-4-7

Created by Natalia Simons
Illustrations by Andreea Hompoth-Voicu
Edited by Luke Everitt and Pilar Gari

🌐 www.bilingobooks.com
📷 @BilingoBooks

Dedicated to my daughter Olivia

EL MONO

LA SANDÍA

LOS CARAMELOS

MY FIRST SPANISH WORDS

EL GLOBO TERRÁQUEO

LA MÉDICA

EL PERRO

LOS ZAPATOS

LA NATACIÓN

BILINGO BOOKS

THIS BOOK BELONGS TO

ESTE LIBRO PERTENECE A

....

TABLE OF CONTENTS
ÍNDICE

LOS ANIMALES DE COMPAÑÍA - PETS	2
LOS ANIMALES SALVAJES - WILD ANIMALS	4
LOS COLORES - COLOURS	6
LAS FRUTAS - FRUIT	8
LAS VERDURAS - VEGETABLES	10
COMIDAS Y BEBIDAS - FOOD AND DRINK	12
LA ROPA - CLOTHES	14
LAS PROFESIONES - PROFESSIONS	18
LOS INSTRUMENTOS MUSICALES - MUSICAL INSTRUMENTS	22
EL CUERPO - THE BODY	24
LA FAMILIA - THE FAMILY	26
LA CASA - THE HOUSE	28
EL JARDÍN - THE GARDEN	30
LA ESCUELA - THE SCHOOL	32
LOS DEPORTES - SPORTS	34

LOS ANIMALES DE COMPAÑÍA
PETS

EL PERRO
DOG

LA TORTUGA
TORTOISE

EL CABALLO
HORSE

EL CONEJO
RABBIT

EL CONEJILLO DE INDIAS
GUINEA PIG

EL GATO
CAT

EL LORO
PARROT

EL HÁMSTER
HAMSTER

LOS ANIMALES SALVAJES
WILD ANIMALS

EL KOALA
KOALA

EL OSO
BEAR

LA JIRAFA
GIRAFFE

EL LEÓN
LION

LA CEBRA
ZEBRA

EL RINOCERONTE
RHINO

EL MONO
MONKEY

EL ELEFANTE
ELEPHANT

EL COCODRILO
CROCODILE

LOS COLORES
COLOURS

EL ROJO
RED

EL VERDE
GREEN

EL NARANJA
ORANGE

EL AZUL
BLUE

EL ROSA
PINK

EL BLANCO
WHITE

EL MARRÓN
BROWN

EL GRIS
GREY

EL AMARILLO
YELLOW

EL MORADO
PURPLE

EL NEGRO
BLACK

EL PLATEADO
SILVER

EL DORADO
GOLD

LAS FRUTAS
FRUIT

LA MANZANA
APPLE

LAS UVAS
GRAPES

EL PLÁTANO
BANANA

EL MELOCOTÓN
PEACH

LA SANDÍA
WATERMELON

EL MELÓN
MELON

LAS CEREZAS
CHERRIES

LAS MORAS
BLACKBERRIES

LA NARANJA
ORANGE

EL ARÁNDANO
BLUEBERRY

EL LIMÓN
LEMON

LA FRESA
STRAWBERRY

LA PERA
PEAR

LA PIÑA
PINEAPPLE

EL POMELO
GRAPEFRUIT

LA CIRUELA
PLUM

LAS VERDURAS
VEGETABLES

LOS GUISANTES
PEAS

LA PATATA
POTATO

LA CEBOLLA
ONION

LA LECHUGA
LETTUCE

EL PUERRO
LEEK

LA ZANAHORIA
CARROT

EL AGUACATE
AVOCADO

EL BRÓCOLI
BROCCOLI

EL CALABACÍN
COURGETTE

EL MAÍZ
SWEETCORN

LA CALABAZA
PUMPKIN

LA COL
CABBAGE

LA COLIFLOR
CAULIFLOWER

EL PEPINO
CUCUMBER

LAS JUDÍAS VERDES
GREEN BEANS

COMIDAS Y BEBIDAS
FOOD AND DRINK

EL HELADO
ICE CREAM

EL PAN
BREAD

LA HAMBURGUESA
BURGER

EL PASTEL
CAKE

EL CHOCOLATE
CHOCOLATE

EL BATIDO
MILKSHAKE

LOS CARAMELOS
SWEETS

LA PIZZA
PIZZA

LAS GALLETAS
BISCUITS

LA SALCHICHA
SAUSAGE

EL ZUMO DE NARANJA
ORANGE JUICE

LA ENSALADA
SALAD

LA ROPA
CLOTHES

EL ABRIGO
COAT

EL JERSEY
JUMPER

LOS ZAPATOS
SHOES

LOS CALCETINES
SOCKS

EL PANTALÓN
TROUSERS

LOS GUANTES
GLOVES

LA FALDA
SKIRT

LA GORRA
CAP

LA CAMISETA
T-SHIRT

EL SOMBRERO
HAT

LA ROPA
CLOTHES

LAS GAFAS
GLASSES

LA BLUSA
BLOUSE

LOS CALZONCILLOS
BRIEFS / PANTS

EL VESTIDO
DRESS

LOS VAQUEROS
JEANS

EL CHÁNDAL
TRACKSUIT

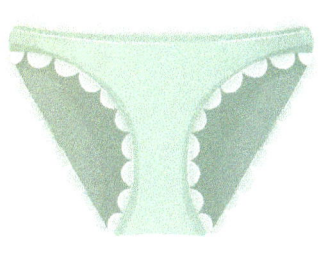

LAS BRAGAS
KNICKERS

LA BUFANDA
SCARF

LAS BOTAS
BOOTS

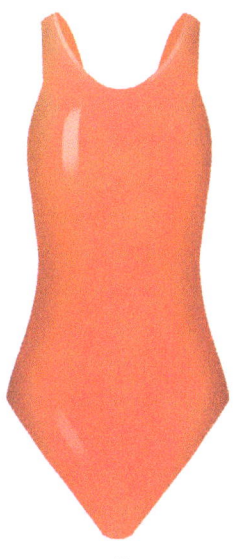

EL BAÑADOR
SWIMSUIT

LAS PROFESIONES
PROFESSIONS

LA MÉDICA
DOCTOR

LA PELUQUERA
HAIRDRESSER

EL DENTISTA
DENTIST

EL BOMBERO
FIREFIGHTER

EL INFORMÁTICO
IT TECHNICIAN

LA CANTANTE
SINGER

LAS PROFESIONES
PROFESSIONS

EL COCINERO
CHEF

EL JARDINERO
GARDENER

LA ASTRONAUTA
ASTRONAUT

LOS INSTRUMENTOS MUSICALES
MUSICAL INSTRUMENTS

EL TAMBOR
DRUM

LA TROMPETA
TRUMPET

LAS CASTAÑUELAS
CASTANETS

LA FLAUTA
FLUTE

EL PIANO
PIANO

EL CUERPO
THE BODY

EL PELO
HAIR

LAS CEJAS
EYEBROWS

LA CABEZA
HEAD

LAS PESTAÑAS
EYELASHES

LA FRENTE
FOREHEAD

LOS OJOS
EYES

LA NARIZ
NOSE

LA CARA
FACE

EL CUELLO
NECK

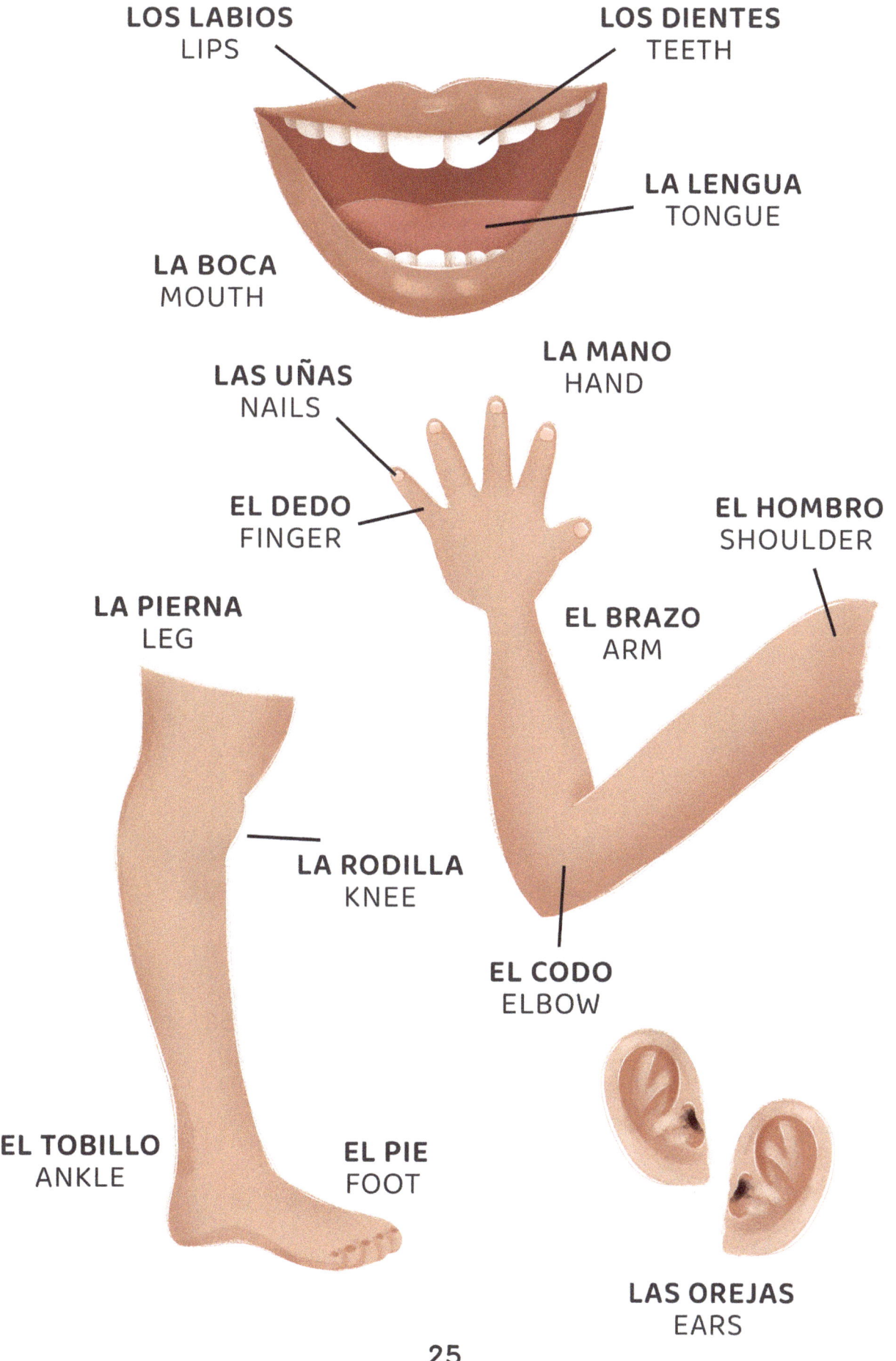

LA FAMILIA
THE FAMILY

EL HIJO
SON

LA MADRE
MOTHER

EL HERMANO
BROTHER

LA HIJA
DAUGHTER

EL PADRE
FATHER

LA HERMANA
SISTER

LOS PRIMOS
COUSINS

EL TÍO
UNCLE

LA TÍA
AUNT

LA ABUELA
GRANDMOTHER

EL ABUELO
GRANDFATHER

LA CASA
THE HOUSE

LA ESCUELA
THE SCHOOL

LOS DEPORTES
SPORTS

LA GIMNASIA
GYMNASTICS

EL FÚTBOL
FOOTBALL

EL BÉISBOL
BASEBALL

EL BALONCESTO
BASKETBALL

EL ATLETISMO
ATLETICS

LOS DEPORTES
SPORTS

EL VOLEIBOL
VOLLEYBALL

EL CRÍQUET
CRICKET

EL KÁRATE
KARATE

LA NATACIÓN
SWIMMING

LA EQUITACIÓN
HORSE RIDING

www.ingramcontent.com/pod-product-compliance
Lightning Source LLC
Chambersburg PA
CBHW041224240426
43661CB00012B/1132